AF357179

NOUVELLES
OBSERVATIONS

POUR les sieurs DE MIEURLE, & Consorts.

CONTRE le sieur DE FONTANIEU, Marquis
de Fiennes.

ET contre l'Inspecteur Général du Domaine de la
Couronne.

LE sieur de Fontanieu a donné un Précis, sous le titre
imposant d'OBSERVATIONS IMPORTANTES, qu'on peut regarder comme une introduction à la Requête que l'Inspecteur
Général du Domaine alloit présenter en sa faveur : une réponse commune conviendra très-bien à ces deux pieces ;
tant à cause de l'uniformité des objections, que de l'iden-
tité des motifs ; ce n'est dans l'une, comme dans l'autre ;

A

que la défenfe du fieur de Fontanieu. Voyons fi elle préfente quelque moyen plus folide que ceux qu'on a réfutés juf-qu'ici.

Le fieur de Fontanieu commence par cette obfervation, que toutes les Parties conviennent que Fiennes releve *nuement* du Comté de Boulogne.

RÉPONSE. Il eft vrai que les Parties conviennent de ce point, & cela auroit dû empêcher le fieur de Fontanieu, de foutenir un procès contre le fieur de Mieurle & Conforts ; parce qu'il n'auroit pû le foutenir raifonnablement, qu'il n'au-roit eu de prétexte plaufible de le porter au Confeil, qu'au-tant qu'on auroit voulu dépouiller en même temps le Comté de Boulogne de fa mouvance, & dégrader le fief de Fiennes en le faifant tomber dans une mouvance inférieure ; que ce n'étoit que fous cet afpect , que la conteftation pouvoit intéreffer le Domaine , & donner ouverture à la voie de la caffation.

SECONDE OBJECTION.

Les Adverfaires fuppofent *que c'eft par le moyen du Bail-liage de Wiffent.*

RÉPONSE. Dans une conteftation que le fieur de Fonta-nieu ne foutient qu'en équivoquant fur les mots , il n'eft pas indifférent de rétablir ceux qu'il altere dans la bouche du fieur de Mieurle & Conforts : ces derniers ne fe font point fervis du terme de *moyen*, de la maniere que le fieur de Fontanieu le leur attribue : & il faut convenir, que s'il pouvoit y avoir quelque difficulté dans cette affaire , ce terme la formeroit entiérement. Le *moyen* , dans fon fens étendu en matiere féodale, fignifie un rang d'ordre , un dégré : il forme le rapport du premier au troifieme, du fufe-rain à l'arriere-vaffal, entre lefquels le vaffal qui rapporte l'arriere fief au fuferain , eft ce qu'on appelle le *moyen* , dans le fens féodal plus propre ; or , le fieur de Mieurle & Conforts n'ont point dit que Wiffent fût le *moyen* par lequel Fiennes relevoit du Comté de Boulogne ; & ils ont même pris des précautions fuffifantes , pour qu'on ne pût pas raifonnablement leur attribuer quelque équivoque à cet égard : ils ont dit à la page 29 de leur Mémoire , que *la mouvance par Wiffent, ne formoit pas un dégré de féodalité :* ils ont dit à la page 14 de leur Précis, que Fiennes relevoit immédiatement , nuement ; qu'il relevoit *fans moyen , c'eft-à-dire , fans être eforté à aucun fief intermédiaire.... ;* que ce que le fieur de Fontanieu appelle ici *moyen,* eft *un mode.... ;* mais, demandera le fieur de Fontanieu , qu'eft-ce que c'eft donc que ce mode ? On lui répondra que c'eft un accident économique , une diftribution de recettes , par laquelle les Comtes de Boulogne ont délégué à la recette de chaque Bailliage , la perception des profits féodaux échus dans les fiefs circonfcrits dans leur arrondiffement. Le fieur de Mieurle & Conforts ne *fuppofent* donc pas que Fiennes *releve par le moyen* du Bailliage de Wiffent ; ils difent que Fiennes eft mouvant par le Bailliage de Wiffent ; & en parlant de la forte, ils ne *fuppofent* pas , ils répetent l'expreffion textuelle de cette foule d'actes qui le difent depuis plufieurs fiecles, & dont ils ont donné l'analyfe aux pages 41 & fuivantes de leur Mémoire.

TROISIEME OBJECTION.

Ils (les fieur de Mieurle & Conforts) en concluent qu'ayant été les Fermiers particuliers & du Marquifat de Fiennes & de Wiffent, on ne fçauroit fe refufer de leur payer les droits auxquels différentes mutations du Marquifat de Fiennes ont pû donner lieu.

RÉPONSE. Il n'eft pas queftion de fçavoir fi c'eft de cette maniere d'être du Marquifat de Fiennes , de cette mouvance *par Wiffent* , qu'il réfulte, comme d'un principe féodal , que les droits de mutation foient dûs au Fermier de

l'engagifte de Wiffent ; la queftion qui intéreffe uniquement
le Fermier, eft de fait : les droits féodaux échus dans le fief
de Fiennes, fe payoient à la recette de Wiffent ; c'eft cette
circonftance qu'il paroît qu'on a exprimée dans les titres produits, en difant que Fiennes étoit mouvant *par Wiffent* ;
c'eft dans ce fens qu'en parloient les Lettres-Patentes de
1558, en difant (*) que ces droits *étoient dûs* par les Ha-
bitants, *aux Domaines de ces Bailliages* ; c'étoit le *ftatu quo*
qui a dû déterminer la nature & l'étendue des objets compris
dans l'engagement de Wiffent, qui faifoit de la recette de
Wiffent *un objet domanial fufceptible d'engagement*, comme
le dit très-bien l'Infpecteur Général du Domaine, dans fa
Requête.

(*) Page 42
du Mémoire.

QUATRIEME OBJECTION.

Les trois Arrêts du Parlement, ont accueilli la prétention
des Fermiers, & jugé *que le Marquifat de Fiennes étoit mou-*
vant du Bailliage de Wiffent : & par une fuite naturelle d'une
telle inconféquence, ils ont dépouillé le Comté de Boulogne
d'une mouvance importante & des droits intéreffants qui en
réfultoient, pour les attribuer, non pas aux Engagiftes du
Domaine de Wiffent qui avouent que ces droits ne font pas
compris dans leur engagement, mais aux Fermiers de ces
Engagiftes.

RÉPONSE. Le Parlement n'a point jugé ce que dit le fieur
de Fontanieu : toutes les fois qu'on expofera le prononcé des
Arrêts dans les termes qu'il les expofe, on croira qu'il
s'agiffoit au procès d'un combat de fiefs fuzerains, pour la
mouvance du Marquifat de Fiennes, & que le Bailliage de
Wiffent la difputoit au Comté de Boulogne ; & il n'étoit
point queftion de cela. Il étoit uniquement queftion de fçavoir
fi les droits échus pour les mutations de Fiennes, & payés
de tout temps à la recette du Bailliage de Wiffent, devoient
être payés à l'Engagifte de ce Bailliage devenu ufufruitier des
objets de cette recette : le Parlement a jugé que ces droits

étoient compris dans l'engagement, parce que le contrat le
portoit expreffément : mais comme le Marquifat de Fiennes
n'eft pas entiérement enclavé dans le Bailliage de Wiffent,
qu'il a même des parties qui relevent d'un autre fuzerain
que le Comté de Boulogne, le Parlement a condamné les
acquéreurs à payer les droits à l'Engagifte, pour les parties du
Marquifat de Fiennes qui font mouvantes par le Bailliage
de Wiffent, ou ce qui eft fynonime *pour les parties circonf-
crites dans les limites du Bailliage de Wiffent.* Si l'on demande
pourquoi le Parlement a employé ces expreffions de *mouvance*
qui femblent préfenter à l'efprit des idées de dégrés de féodalité,
on répondra que c'eft apparamment, parce que tous les actes
faits depuis plufieurs fiècles entre le Comte de Boulogne &
fes Vaffaux, fe font fervis des mêmes expreffions.

Ces Arrêts ne dépouillent donc point le Comté de Boulogne d'une mouvance importante, non plus que ne l'en
d'épouilloient ces actes fans nombre dont le Parlement a
adopté les expreffions : il ne pouvoit pas y avoir à cet égard
d'équivoque, dès-lors que les mêmes actes qui déclaroient
Fiennes mouvant par Wiffent, le déclaroient mouvant du
Comté de Boulogne & mouvant nuement : la compatibilité
étoit reconnue entre la mouvance par les Bailliages & la
mouvance nue du Comté. Que le fieur de Fontanieu s'écrie
tant qu'il voudra, que c'eft un langage monftrueux en matière
féodale ! Nous ne fommes pas ici pour reformer le vocabulaire féodal : il nous fuffit de faire voir que le Parlement a
adopté le langage des actes non reculables qui forment une
chaîne fuivie de plufieurs fiècles. Or le Parlement n'a pas
pu préfumer que ce langage portât atteinte à la dignité du fief
de Fiennes ni à la fuprematie du Comté de Boulogne fon
fuzerain, parce qu'il n'a pas pu préfumer que les Défenfeurs
du Domaine de la Couronne, qui ont eu ces actes fous les
yeux pendant tant de fiècles, & avec lefquels plufieurs ont eté
faits, ayent manqué pendant tout ce temps de lumières &
de zele, pour reclamer contre ce qu'ils euffent pu contenir
d'attentatoire aux droits du Roi.

Encore moins les Arrêts dépouillent-ils le Comté *d'aucuns*

droits intéreſſants : le Comte de Boulogne, ou le Roi, jouit des droits par l'Engagiſte comme il en jouiſſoit par le Receveur : il n'y a qu'à entendre l'Inſpecteur du Domaine qui en parle très - énergiquement dans cette même requête où il défend avec une partialité ſenſible le ſieur de Fontanieu : *les Comtes de Boulogne ont,* dit-il, *partagé l'adminiſtration de la Juſtice dans leur Comté, & la perception des revenus en différents dépar tements : dans chacun de ces déj artemen s ils ont établi un Bailli. Delà ces départements ont pris le nom de Bailliage. Mais ces Baillis étoient des Officiers & non des Vaſſaux. Jamais le domaine de ces Bailliages n'a été détaché de celui du Comté de Boulogne : jamais une inféodation n'en a fait un fief nouveau qui pût être le chef-lieu d'autres fiefs . . . . . A l'égard des droits pécuniaires, ils ſe payent en général à celui auquel le Seigneur a donné ſa délégation pour les recevoir, ſoit Fermier, ſoit Engagiſte, ſoit fondé de procuration. Cette délégation eſt dans la main du Seigneur : il la donne à qui il lui plaît. . . .* Après avoir remarqué très-à propos que cette diſtribution économique de recettes & de jurifdictions n'a dérangé en rien l'ordre féodal, que les Baillis, ſimples Officiers du Comte de Boulogne, n'ont jamais prétendu être des Vaſſaux & régir des arriere-fiefs, il ajoute, par une conſéquence néceſſaire de ces principes évidents, que chaque Bailliage étant encore une recette, *a pu former un objet domanial, ſuſceptible d'engagement.*

Mais, dit le ſieur de Fontanieu, les Engagiſtes avouent que ces droits n'ont point été compris dans l'engagement, & ce ſont leurs Fermiers qui ſeuls les prétendent. Cela n'eſt point exact : le ſieur de Campagno, avec lequel a été rendu le premier Arrêt, étoit engagiſte, & il réclamoit les droits de ſon chef ; c'étoit à lui que M. de Vic, acquéreur de Fiennes, les conteſtoit. Il eſt vrai que la dame de Valençay & les ſieurs de Fontanieu, qui ont ſuccédé dans l engagement au ſieur de Campagno, n'ont pas réclamé les droits ; mais pourquoi ne les ont-ils pas réclamés ? Parce qu'étant en même-temps engagiſtes de Wiſſent, & acquéreurs de Fiennes, ils devoient eux-mêmes ces droits à leur Fermier auquel ils avoient aliéné les fruits de l'engagement, & qui pendant le temps de fa jouiffance repréfentoit l'Enga-gifte; alors il ne faut pas s'informer fi l'engagifte titulaire réclame les droits ou s'il en néglige la prétention; il faut chercher uniquement fi les droits font compris dans l'enga-gement, & fi tous les fruits de l'engagement font compris dans le bail. Et que le fieur de Fontanieu ne dife pas qu'on eft le maître de renoncer à fon droit: car il y a des occa-fions dans lefquelles on ne l'eft pas, comme par exemple, on ne l'eft pas de renoncer à une fucceffion au préjudice de fes créanciers, & on l'eft encore moins de renoncer à un ufufruit qu'on a aliéné à un tiers, parce que ce feroit dif-pofer de la chofe d un autre. Tout doit donc fe réfoudre en cette queftion, fi les profits féodaux attribués à la recette de Wiffent ont été compris dans l'engagement? D'abord il faut reconnoître que rien n'empêchoit qu'ils n'y fuffent compris; l'Infpecteur même du Domaine convient que le Comte de Boulogne pouvant déléguer à fon gré la perception de ces droits à qui il voudroit, foit Receveur, foit Fermier, *foit Engagifte*, ils formoient *un objet domanial fufceptible & d'en-gagement*; l'Infpecteur fe demande enfuite à lui même, fi le Roi a entendu comprendre ces droits dans l'engagement? La réponfe qu'il n'a pas voulu faire eft dans l acte, *pour en jouir, ufer & poffédér par ledit fieur de Campagno, acquéreur, fes hoirs, command, & ayants caufe en tous fruits, profits, revenus & émoluments, Juftice, Seigneurie & autres droits y afférants & appartenants, & tout ainfi qu'en jouiffoit Sadite Majefté paravant ladite adjudication & vendition.*

CINQUIEME OBJECTION.

Cette diftraction de mouvance, ... dégrade fon fief (le Marquifat de Fiennes) . . . . . eft attentatoire aux droits du Domaine de la Couronne, en ce qu'elle prive le Comté de Boulogne d'une mouvance précieufe . . . . . contraire à tous les principes du droit public & féodal, en ce qu'elle at-tribue à un fimple Bailliage (*qui n'eft point un titre de fief*) la mouvance d'un fief de dignité. . . . .

Réponse. Il eſt pénible d'entendre répéter éternelle-
ment cette imputation contre quelqu'un qui a mis dans le
plus grand jour la propoſition contraire : & il eſt aſſez ſur-
prenant que l'Inſpecteur du Domaine qui doit connoître la
défenſe des ſieurs de Mieurle & conſorts, qu'il combat,
s'attache à prouver contr'eux que les Bailliages du Comté de
Boulogne ne ſont pas des fiefs, comme s'ils avoient avancé
cette extravagance! Ils ont eu ſoin de dire à la page 11 de
leur mémoire, après avoir établi le fait de la diviſion du
Comté en huit Bailliages, ayant chacun ſon Receveur qui
percevoit les revenus échus dans le diſtrict, & en comptoit
a la Chambre des Comptes, *que ce genre de mouvance qui
concentroit chaque fief dans l'arrondiſſement de la recette économique, n'étoit pas un dégré de féodalité, ne rompoit pas
la rélation immédiate de chaque Vaſſal au Suſerain, ne faiſoit
pas dégénérer le fief en arriere-fief, parce qu'en effet, les
Bailliages par leſquels ces fiefs rélévoient, n'étoient pas des
Vassaux du Suſerain, mais des membres de la ſuſeraineté,
& que relever par ſes membres, c'étoit relever par le tout, dont
ils étoient des parties intégrantes ;* ils ont dit (pag. 20) *que
cet arrangement, qui ne fait que diviſer des recettes, ne
changeoit point les qualites & les rapports ; qu'à Wiſſent comme
à Boulogne, & dans tel autre qu'on voudroit des huit Bailliages, c'étoit le Vaſſal immédiat qui rendoit les devoirs, & le
Suſerain unique, le Comte de Boulogne qui les recevoit ; qu'on
rélevoit nuement par Wiſſent, comme on releve nuement par
Boulogne......* Ils ont répeté (pag. 29) que la mouvance
par Wiſſent *ne forme pas un dégré de féodalité* ; que Wiſſent
ne domine pas Fiennes, *comme Vaſſal de Boulogne* ; mais
*comme membre de Boulogne ; que c'eſt le Suſerain qui do-
mine par l'un & par l'autre de ſes mains .....* Dans leur
premier Précis ſous le titre *d'Obſervations*, ils ont reproché
juſtement au ſieur de Fontanieu de leur attribuer gratuite-
ment ce ſyſtême *d'une directité des Bailliages ...* de leur faire
dire malgré eux, *que chaque Baillage fût un fief*, & que *les
fiefs qui ſe trouveroient dans leur mouvance fuſſent des arriere*

riere-fiefs du Comté... Ce qui eft en effet le phantôme que le fieur de Fontanieu a créé pour avoir quelque chofe *a* combattre, mais qu'il a très-mauvaife grace d'attribuer aux fieurs de Mieurle & confors, qui ont établi un fiftême tout oppofé dans tout le cours de leur défenfe. Ils ont demandé (pag. 11 du même Mémoire) s'il étoit poffible qu'ils convinffent d'une maniere plus folemnelle avec le Sr. de Fontanieu, *que Fiennes n'étoit pas diftrait du Comté de Boulogne, de ce qu'il en relevoit par Wiffent, felon le langage des titres, que cette mouvance n'emportoit autre chofe que la diftribution économique des recettes, qui affujettiffoit Fiennes à payer les profits féodaux au chef-lieu du Bailliage dan l'arrondiffement duquel il étoit enclavé....* Ils en ont conclu qu'il étoit fort inutile, après cela, de répéter, fans fin, que Wiffent n'étoit pas un fief, parce que perfonne ne difoit qu'il en fût un...Ils n'ont pas pu s'empêcher d'obferver (page 12 ibidem) *que cette queftion de mouvance ayant été autant rebattue, & qu'ayant été expliqué en tant de manieres, ce que ce mot emportoit dans le fens des actes fans nombre, où il eft répété, c'eft-à-dire, un fimple rapport à une recette d'arrondiffement, pour y acquitter les droits feigneuriaux ; il étoit rifible devoir ouvrir un nouvel étalage d'érudition féodale.....* Ils ont demandé, fi jamais on avoit abufé du droit de la défenfe réciproque, plus que ne le faifoit le fieur de Fontanieu, qui, pour trouver une application de ces principes étrangers, au point fimple qui divifoit les Parties, *perfonnifioit un arrondiffement fifcal, une recette, en faifoit un vaffal.* Enfin, comme fi les fieurs de Mieurle & Conforts, avoient prévu la néceffité de configner une profeffion de foi fcrupuleufe fur le fens des termes, qui font tout l'objet de cette bifare conteftation, ils ont répondu au fieur de Fontanieu, lorfque celui-ci a repris la preuve de cette propofition, *que le Marquifat de Fiennes relevoit immédiatement & fans moyen, du Comté de Boulogne, & que cela réfultoit des termes mêmes de la Coutume;* ils lui ont répondu (page 14 ibidem) « qu'on avoit dit, & répété cent fois, que » le Marquifat de Fiennes relevoit, *immédiatement,* du » Comté de Boulogne, *c'eft-à-dire, nuement;* qu'il en relevoit *fans moyen ; c'eft-à-dire , fans être reporté par aucun fief intermédiaire ;* que ce que le fieur de Fontanieu appelloit ici *moyen ,* étoit MODE ; qu'il y avoit une maniere particuliere de relever *par les Bailliages ;* qu'on avoit démontré que cette maniere de relever, établie dans le fait, par tous les titres produits de part & d'autre, n'empêchoit pas *que Fiennes ne relevât nuement ,* non plus que la maniere de relever du Roi, *par la Tour du Louvre ,* n'empêchoit pas qu'on ne relevât nuement : *que perfonne ne s'étoit avifé , jufqu'ici , de dire que* LA TOUR DU LOUVRE FUST UN FIEF INTERMÉDIAIRE, *dont la mouvance dégradât le fief de dignité qu'on fait relever par fon moyen , &c*..... Le Confeil peut juger à préfent fi ce font les fieurs de Mieurle & Conforts, qu'il faut accufer de faire un fief du Bailliage de Wiffant : il peut juger aufli de l'importance de ces *objervations importantes ,* & de la nouveauté des moyens qu'y expofe le fieur de Fontanieu.

SIXIEME OBJECTION.

Tous ces motifs préfentent autant de moyens de caffation contre ces trois Arrêts ; .... ils déterminerent & juftifierent le *pourvoi* du fieur de Fontanieu , ... & s'il a invoqué les Loix garantes du privilége des Maîtres des Requêtes, ce n'a été que furabondamment.... Ce moyen, d'ailleurs, ne pouvoit être difcuté qu'entre lui & l'Engagifte de Wiffent ; & comme il réuniffoit en fa perfonne cette derniere qualité, l'unique objet de la difcuffion étoit relatif à la mouvance.

REPONSE. On a fait voir que tous les moyens du fieur de Fontanieu, fuppofés fondés, n'en préfentoient pas un feul de caffation ; il eft forcé d'en convenir aujourd'hui ; & nous allons voir qu'à l'agonie de fa prétention, il fe refugie, pour derniere reffource, dans le prétendu mal jugé : ainfi jamais *pourvoi* n'a été moins juftifié que le fien. Le privilége des Maîtres des Requêtes ne lui étoit d'aucun fecours : il ne porte pas fur les objets engagés avant l'époque du privilége ; & il y a eu une déclaration expreffe, donnée pour établir que la revente des domaines, engagés avant cette époque, n'y donnoit pas lieu : le fieur de Fontanieu ne nous fait donc aucune grace, en femblant abandonner fon moyen *furabon-dant*, parce qu'il ne valoit pas mieux que les autres. Il eft ridicule de dire que la queftion du privilége ne pouvant être difcutée qu'entre le fieur de Fontanieu & l'Engagifte, elle tomboit d'elle-même, dès-lors que l'Engagifte étoit le fieur de Fontanieu; parce que le fieur de Fontanieu nous ayant aliéné l'ufufruit des profits de la qualité d'Engagifte, il nous a tranfmis, & fon action pour en difcuter les droits, & les exceptions légitimes pour les défendre; & pour les défendre contre lui-même, s'il affectoit de les méconnoître, pour nous en fruftrer. C'étoit l'unique queftion à juger, & non celle de la mouvance que le fieur de Fontanieu n'y a fuppofée, que pour donner de l'importance à une fimple difcuffion d'intérêts pécuniaires entre fes Fermiers & lui.

SEPTIEME OBJECTION.

L'entreprife fur le Domaine de la Couronne, a paru tellement fenfible à Sa Majefté, que par l'Arrêt de foit communiqué, Elle a ordonné que l'inftruction fe feroit contradictoirement avec le fieur Infpecteur Général du Domaine de la Couronne.

RÉPONSE. Le Confeil a fuivi les regles de fa fageffe ordinaire, en appellant l'Infpecteur Général du Domaine dans une conteftation où vous annonciez de grandes queftions féodales; un fief de dignité enlevé à la mouvance directe du Roi, les maximes du droit public féodal renverfées, les titres du patrimoine facré de la Couronne foulés aux pieds &c,.... Le zele du Confeil ne pouvoit qu'être excité par ces faftueufes propofitions; il eft raffuré aujourd'hui par cet Infpecteur même, qui, malgré fes conclufions en faveur du fieur de Fontanieu, eft forcé de fe demander en quoi l'intérêt du Domaine eft compromis dans ce procès ? & de répondre qu'il feroit difficile de le dire.

Bij

HUITIEME OBJECTION.

Ce feroit bien prendre le change fur le véritable objet de la conteftation, que de fuppofer qu'elle s'eft élevée entre le Marquis de Fiennes & l'Engagifte de Wiffent, tandis qu'ils font parfaitement d'accord entr'eux : & ce feroit une erreur bien funefte au fieur de Fontanieu, d'écarter fa demande en caffation, fous le prétexte qu'il eft indifférent pour lui de payer à l'Engagifte de Wiffent, qui n'eft que propriétaire précaire d'un Domaine qui n'eft pas irrévocablement forti des mains du Roi, des droits qu'on fuppoferoit dûs à Sa Majefté.

RÉPONSE. La reffource du fieur de Fontanieu eft toujours d'équivoquer fur les mots. L'Engagifte de Wiffent, qui a l'ufufruit précaire des profits, ne peut ni par fa négligence, ni par fon exactitude à les percevoir, augmenter ou diminuer les droits du propriétaire : il peut bien en négliger le recouvrement, mais non pas tranfiger fur ce recouvrement lorfqu'il l'a aliéné à un tiers : ainfi, l'accord prétendu du Marquis de Fiennes & de l'Engagifte, ne peut pas fruftrer le Fermier des profits, échus dans fa jouiffance, parce que c'eft une chofe dont l'Engagifte lui a tranfporté la propriété avec les actions néceffaires pour en faire le recouvrement : d'où il fuit qu'on ne peut pas dire ici, en parlant exactement, que le Marquis de Fiennes & l'Engagifte foient d'accord; car le véritable Engagifte, dans l'efpece, eft celui qui en a acquis les actions, & qui eft feul en droit, par conféquent, de faire des accords fur l'exercice qu'il en peut faire.

Ce n'eft pas précifément pour le fieur de Fontanieu, qu'il eft indifférent de payer les droits à l'Engagifte de Wiffent, ou au Receveur du Comté pour le Roi; parce que le privilége du fieur de Fontanieu, fon pere, qui avoit engagé l'inftance, qui eft fans force contre l'Engagifte, auroit fon exécution contre le Roi. C'eft pour le Roi qu'il eft indiffé-

rent (quant aux droits) que les profits foient payés à l'Engagifte de Wiffent, ou au Receveur du Comté de Boulogne,
parce que Sa Majefté jouit par l'Engagifte comme par le
Receveur; & que pour ce qui eft du profit momentané
qu'il y auroit pour la recette du Roi, à diftraire ces droits
de l'engagement, on a obfervé que ce n'étoit pas l'ufage de
nos Rois d'accommoder leur Juftice à l'intérêt de leur Tréfor.
C'eft par cela qu'on a prouvé que le Domaine avoit été fans
intérêt dans cette conteftation, dans fon origine même : intérêt qui s'y trouve encore moins aujourd'hui depuis que
par l'Arrêt du Confeil de 1771, le Roi a jugé à propos de
retirer aux Engagiftes les droits cafuels, fous l'offre de rem-
bourfer ceux qui trouveroient les conditions de l'engagement
défavantageufes par l'effet de ce retranchement. On n'a fait
que prévenir, à cet égard, l'opinion de l'Infpecteur Général,
qui déclare dans fa requête, que le Domaine n'a aucun intérêt dans la conteftation. C'eft enfin par ce défaut d'intérêt
pour le Domaine, qu'on a dit qu'il n'en réfultoit aucun
moyen de caffation, & non pas de ce que la chofe feroit ou
ne feroit pas indifférente pour le fieur de Fontanieu.

NEUVIEME OBJECTION.

Cette erreur feroit encore plus funefte au Domaine de la
Couronne, puifqu'un nouveau Commentateur de la Coutume du Boulonnois, (1) a pris le prétexte des trois Arrêts
du Parlement de Paris, des 13 Mars 1621, 17 Août 1745
& 6 Septembre 1763, pour établir, en point de droit, que
les fiefs de dignité dans le Boulonnois, qui *relevoient* immédiatement du Roi, à caufe de fon Comté de Boulogne,
étoient mouvants du Domaine de chaque Bailliage.

RÉPONSE. Si l'on analyfe avec foin la contexture infi-

---

(1) Le fieur le Camus d'Houlouve ; voyez l'édition de 1777, tit. 4, ch. 2,
page 155 du Tome premier.

dieufe de cette citation, on s'appercevra que le fieur de Fontanieu veut faire dire au Commentateur, que les trois Arrêts du Parlement ont fait une révolution dans la Jurif-prudence féodale de la Coutume de Boulogne. Le rapport grammatical de ce membre de fa phrafe, *qui relevoient immé-diatement du Roi,.. avec celui-ci, étoient mouvants du Domaine de chaque Baillage*, préfente l'oppofition de l'état des chofes au temps paffé avec leur état au temps préfent ; de-forte qu'en difant que le fieur Camus d'Houlouve a inferé des trois Arrêts dont il s'agit, que les fiefs *étoient mouvants par les Baillages*, on veut faire entendre que ce Commenta-teur *a pris le prétexte des trois Arrêts du Parlement, pour établir que les fiefs de dignité, dans le Boulonnois, qui rele-voient, autrefois, immédiatement du Roi à caufe de fon Comté de Boulogne, étoient, aujourd'hui, mouvants du do-maine de chaque Baillage.* C'eft-là, fans doute, ce que le fieur de Fontanieu a voulu faire dire au Commentateur ; & c'eft ce qu'il falloit qu'il lui fît dire en effet pour lui at-tribuer quelque nouvelle opinion fondée fur les trois Arrêts, pour lui faire appliquer la *mouvance par les Baillages* dans un fens qui dégradât les fiefs de dignité du Boulonnois, en les faifant ceffer de rélever immédiatement du Roi, à caufe du Comté de Boulogne. Il eft temps de voir à préfent ce que dit le Commentateur : voici fes propres paroles, tranf-crites du lieu cité par le fieur de Fontanieu, au commen-cement du chapitre 2 qui eft intitulé, *des fiefs de dignité en Boulonnois :* on copie le texte : *les fiefs de dignité en Boulonnois relevent immédiatement du Roi, à caufe de fon Comté de Boulogne, divifé en huit Bailliages, fuivant la cou-tume, & chacun de ces fiefs eft mouvant du domaine de cha-que Bailliage, Ce dernier point a été jugé par Arrêts de la Cour des 13 Mars 1621, 7 Août 1745, & 6 Septembre 1763, rendus les deux premiers fur les conclufions de M. le Procureur-Général, & le dernier contre lui, au fujet de la terre de Fiennes mouvante du Roi, à caufe de fon Do-maine de Wiffent.* Ce Commentateur eft fort éloigné de mettre en oppofition les deux manieres de relever des fiefs du Boulonnois, comme fucceffives ou contraires ; il les unit indivifiblement, & en rendant compte de l'état des fiefs de dignité du Boulonnois, en en rendant compte indéfiniment , fans diftinction du temps paffé d'avec le préfent , il attefte que cet état confifte en deux chofes ; la premiere, de relever immédiatement ; la feconde, d'être mouvants du domaine des Bailliages ; *relevent immédiatement du Roi , à caufe de fon Comté de Boulogne ; & chacun de ces fiefs eft mouvant du Domaine de chaque Bailliage* .... Quelle eft la conféquence qui réfulte de cette propofition ? Que l'accident inhérent aux fiefs de dignité du Boulonnois, d'être *mouvants du Domaine* des Bailliages , n'emporte point d'incompatibilité avec *relever immédiatement du Roi par fon Comté de Boulogne.* Voilà la doctrine de ce Commentateur , à l'appui de laquelle il cite à la vérité les trois Arrêts : mais cette doctrine eft diamétralement oppofée à celle que lui prête le fieur de Fontanieu , & qu'il faudroit qu'il trouvât véritablement dans cet Ecrivain, pour pouvoir lui reprocher d'introduire une erreur dans la Jurifprudence Coutumiere, & pour pouvoir reprocher aux Arrêts d'avoir donné lieu à cette erreur.

Cette violence faite au texte d'un Auteur cité, pour l'accommoder à fa caufe , peut moins furprendre de la part du fieur de Fontanieu à qui tout eft bon pour fe fouftraire, s'il pouvoit , au paiement de fa dette ; mais l'Infpecteur Général du Domaine, qui fans doute s'en eft rapporté au fieur de Fontanieu , veut comme lui, que le premier des trois Arrêts qui a parlé de la *mouvance des Bailliages* ou *par les Bailliages* , ait introduit une erreur dans le langage féodal : à la vérité , c'eft le feul prétexte qu'il déclare trouver dans la conteftation , pour fonder fon intervention ; mais il penfe que l'extirpation d'une erreur , quelque peu importante qu'elle paroiffe d'abord , ne doit pas être négligée ; il prétend que cette erreur déjà accréditée par les deux feconds Arrêts , adoptée aujourd'hui par un Commentateur, peut pouffer, fans qu'on s'en apperçoive, de profondes racines , jetter des branches étendues , & répandre

fon ombre empoifonnée fur les principes ! & c'eſt dans cette
néceſſité de rectifier le protocole féodal , qu'il veut faire
appercevoir au Conſeil un motif de caſſer les trois Arrêts.
Avant de démontrer la futilité de ces grands mots & le peu
de liaiſon qu'ils ont avec le véritable intérêt des Parties ,
on demandera au ſieur Inſpecteur Général , s'il peut combattre là défenſe des ſieurs de Mieurle & Conforts , ſans
la connoître ? S'il peut ignorer dans la fonction qu'il exerce ,
cette foule de titres ſolemnels qui y ſont cités & produits ?
Cependant , s'il les connoît , il fait de deſſein formé une
extrême injuſtice au Parlement , en lui attribuant l'origine
de l'erreur prétendue ; parce qu'en effet , ſi c'en eſt une
d'avoir parlé de *mouvance des Bailliages* ou *par l s Bailliages* ,
elle étoit ancienne & invétérée lorſque le Parlement l'auroit adoptée par le premier de ſes Arrêts; il faudroit donc
s'en prendre , à la Coutume tout premiérement qui parle
de *mouvance des Bailliages* , aux actes faits ſucceſſivement
pendant pluſieurs ſiecles entre le Comté de Boulogne & ſes
Vaſſaux , dans leſquels on retrouve conſtamment les fiefs
mouvants *par les Bailliages* ou *à cauſe des Baillages* ; aux
Chambres des Comptes , aux Bureaux de Finances , & à
tous les Officiers du Domaine qui ſe ſont ſuccédés , leſquels ont tous employé ces expreſſions ou les ont ſouffertes.

C'eſt à ces ſources qu'il faut aller chercher l'origine de
l'erreur , ſi c'en eſt une , au lieu de la mettre ſur le compte
du Parlement qui a employé le langage qu'il trouvoit établi , qui a déclaré ce qui exiſtoit depuis pluſieurs ſiecles.

Mais ſi l'Inſpecteur Général trouve en effet de l'irrégu-
larité dans ces expreſſions ſi anciennes , & qu'il ait véritablement à cœur la réformation du vocabulaire domanial ,
qu'il veuille corriger le texte de la Coutume même , le
ſtyle de tous les hommages & dénombrements du Boulonnois
qu'on connoît & celui des tribunaux domaniaux , prévenir
enfin ces déſordres effrayants , ce renverſement de principes
qu'il prévoit que cauſera l'erreur qu'il trouve dans toutes
ces formules ; qu'il ſuive ce grand projet tant qu'il voudra , mais qu'il n'y attache pas le ſacrifice des droits de

l'une

l'une des Parties : en un mot, fi l'Infpecteur Général juge
que ce foit énoncer la maniere d'être des fiefs du Boulonnois par des expreffions erronées, que de dire que ces fiefs
font mouvants *ou par les Bailliages* ou *à caufe des Baill ages*,
qu'il faffe ordonner qu'on fe fervira à l'avenir d'autres expreffions ; qu'il prenne acte de toutes les déclarations qu'on
a faites, de ne tirer de cette mouvance par les Bailliages
aucune conféquence préjudiciable à la dignité des fiefs, à
leur mouvance nue & immédiate du Comté de Boulogne &
du Roi ; qu'il prenne à cet égard toutes les mefures que
lui fuggéreront fon zèle & la perfpicacité de fes vues ; mais
qu'il n'entreprenne point fur ce prétexte, d'aider le fieur de
Fontanieu à retenir une fomme importante dont il prive
jufqu'à trois générations de fes légitimes créanciers. Le
point unique qui fait le fonds de la conteftation entre les
Parties, & que le fieur de Fontanieu veut faire juger fouverainement pour la quatrieme fois, confifte à fçavoir fi les
droits de mutation de la terre de Fiennes ont dû être payés
à l'engagifte du Domaine de Wiffent ou à fon fermier. C'eft
un fait non contefté, que dans la diftribution faite de tout
temps du Comté de Boulogne en huit Bailliages & en autant de recettes, les profits cafuels étoient délégués à la
recette dans l'arrondiffement de laquelle le fief fe trouvoit
circonfcrit ; c'étoit un ordre de perception qui ne changeoit rien au rapport domanial & féodal ; & quoiqu'il fît
dire aux Rois Comtes de Boulogne, que ces droits étoient
dûs par les vaffaux *au Domaine* des Bailliages, (Lettres-Patentes de 1558) ils n'en perdoient rien de leur nature
& de la caufe qui les produifoit ; mais il étoit libre au
Comte de Boulogne, comme l'obferve judicieufemen
l'Infpecteur, de les déléguer à qui bon lui fembleroit, foit
receveur, foit *fermier*, foit *engagifte* : c'étoit *un objet domanial fufceptible d'engagement*. Qu'on ait bien ou mal énoncé
cette maniere d'être des fiefs, par ces expreffions de mouvance *par les Bailliages* ou *à caufe des Bailliages*, c'eft ce
qui ne peut intéreffer les fieurs de Mieurle & Conforts ;
c'eft de quoi ils ne peuvent être refponfables. Tout ce qui

a été jugé avec eux , & qui va l'être encore , c'eſt de ſçavoir ſi les droits caſuels rapportés à la recette du Domaine de Wiſſent furent compris dans l'engagement de ce Domaine, & ſi l'engagiſte les comprit dans le bail ? L'Inſpecteur reconnoît que ce point n'intéreſſe point le Domaine, & il s'abſtient même de conclure à ce qu'il y ſoit fait droit ; mais il devoit encore avoir l'équité de ne pas ſe livrer à une diſcuſſion , par laquelle il ſemble provoquer le Conſeil à le rejuger.

Après s'être étendus ſur ces points qui ramenent tout l'intérêt de la conteſtation, le ſieur de Mieurle & conſorts ne s'appéſantiront pas ſur le reſte des obſervations qu'ils réfutent, & ils vont les parcourir rapidement.

Le ſieur de Fontanieu fait l'analyſe des trois Arrêts : il obſerve que le premier a déclaré la terre de Fiennes *mouvante du Roi à cauſe du Bailliage de wiſſent*, que le ſecond a condamné l'acquéreur à payer les droits de mutation pour la principale partie du Marquiſat de Fiennes & dépendances , *en ce qu'elles relevent de wiſſent*, que le troiſieme enfin condamne à payer les mêmes droits pour les portions *mouvantes du Comté de Boulogne par le Bailliage & Domaine de wiſſent ;* il veut inſinuer que les Arrêts n'ont pas des diſpoſitions uniformes, que les deux premiers attribuoient la mouvance de Fiennes au Bailliage de Wiſſent, que le troiſieme l'attribue au Comté de Boulogne, mais que ce n'eſt qu'en admettant un *intermédiaire* contradictoire avec la mouvance immédiate; que ce n'eſt qu'en dépouillant le Comté de droits ſeigneuriaux importants , pour les attribuer à l'intermédiaire, &c.

On lui répond que le Parlement a emprunté le langage des actes mis ſous ſes yeux, des hommages, des dénombrements, des jugements des Tribunaux Domaniaux qui tantôt ont parlé de *relever par wiſſent*, d'être *mouvants par wiſſent*, ou *de wiſſent*, ou *à cauſe de wiſſent* : que ces Arrêts n'ont point créé ni admis *d'intermediaire* contradictoire avec la mouvance immédiate ; que, comme les actes produits, ils ont laiſſé cette mouvance immédiate intacte , puiſque ce n'étoit pas d'elle qu'il s'agiſſoit , mais de ſçavoir à qui appartenoient les profits cafuels: qu'ils n'ont dépouillé le Comté d'aucun droit, n'adjugeant à l'Engagifte le payement de ceux dont il s'agiſ- foit, que comme ufufruitier précaire de cette partie des profits du Comté: qu'ils n'ont rien attribué de plus à ce pré- tendu *intermédiaire*, que le verfement dans fa recette, d'un revenu qui lui étoit affigné; & que tout ce que les Arrêts ont jugé, c'eft que ce revenu, *objet domanial fufceptible d'engagement*, de l'aveu de l'Infpecteur Général, avoit été compris dans l'engagement, & que l'Engagifte l'avoit compris dans fon bail.

L'Infpecteur Général prétend trouver dans le troifième Arrêt un *adouciffement* de termes, qu'il croit avoir été l'effet de repréfentations du Procureur Général; il paroît que tout l'objet de fon intervention eft d'étendre plus loin cet adou- ciffement, & de ramener les expreffions à une exactitude rigide. Mais fi fes oreilles ne font bleffées que de la rudeffe des termes qui laiffent encore *l'adouciffement* imparfait, il n'a qu'à s'élever contre les énonciations mal fonnantes qui le fcandalifent : il n'a point de motif raifonnable de conclure à ce que le Marquifat de Fiennes foit déclaré relever nuement du Roi à caufe de fon Comté de Boulogne, & de provoquer pour cela la caffation de trois Arrêts qui ne contredifent point cette propofition, & de la pourfuivre contre des parties qui ne la conteftent pas : il devoit, pour remplir fes vues, demander qu'il fût fait défenfes d'employer à l'avenir les énonciations de mouvance qui font d'ufage depuis tant de fiècles, pour exprimer la manière d'être des fiefs du Comté de Boulogne; qu'il fût ordonné qu'elles feroient rayées dans la Coutume & dans les Regiftres des Tribunaux, comme tendantes à obfcurcir les notions de la mouvance nue & immé- diate du fuzerain; & il devoit en même temps propofer la nomenclature plus propre qu'il défire qu'on y fubfifte, comme capable de préfenter des idées exactes du fyftême féodal.

On n'a rien à dire fur l'analyfe des Arrêts & des faits que le fieur de Fontanieu reprend; on fe refere entiérement aux requêtes & aux mémoires, où les fieur de Mieurle & Conforts en ont rendu compte avec une exactitude juſtifiée par les pieces. Mais ils doivent relever une obſervation de l'Inſpecteur Général qui a avancé ſans doute ſur la parole du ſieur de Fontanieu, que le premier des trois Arrêts, qui eſt celui de 1621, avoit été rendu par forcluſion : cet Arrêt eſt au procès ; le Conſeil eſt ſupplié de le mettre ſous ſes yeux : la forcluſion qu'on y trouve eſt une forcluſion de produire ſur une demande en rétabliſſement de pieces tirées du procès ; elle eſt de 1618 antérieure à l'Arrêt d'appointement par laquelle les Parties furent réglées en droit en 1619 : elle a été ſuivie de deux demandes conſécutives en inſcription de faux contre des actes produits, formées par le ſieur de Vic à qui l'Inſpecteur attribue (ſur la foi d'un garant trop peu déſintéreſſé) de s'être laiſſé juger par forcluſion. C'eſt cependant ſur cette hypothèſe d'un jugement par forcluſion, ſi légerement admiſe, que l'Inſpecteur Général entreprend de dépouiller l'Arrêt de 1621 de l'autorité qui lui eſt due, en diſant que la queſtion y fût jugée en faveur de l'Engagiſte, ſans contradicteur, & que le ſieur de Vic l'abandonna à elle même ſans daigner la défendre.

On laiſſera repeter au ſieur de Fontanieu tant qu'il voudra, que les Arrêts bleſſent le droit public qui exige impérieuſement qu'un fief de dignité releve immédiatement dú Roi, & que c'eſt un langage reprouvé en matière féodale, de dire qu'on puiſſe relever immédiatement d'un fief par le moyen d'un autre. Les Arrêts en effet n'ont porté aucune atteinte à la mouvance immédiate de Fiennes ; & perſonne n'a dit que Fiennes relevât par un autre fief : perſonne n'a dit que Wiſſent fût un fief : ainſi le *langage reprouvé* appartient entiérement au ſieur de Fontanieu, & on le lui abandonne.

Permis encore au ſieur de Fontanieu de répéter à l'infini que les Arrêts contreviennent à la Coutume de Boulogne ; ou lui a prouvé (page 36 du Mémoire) que la Coutume n'a rien de contraire au genre de mouvance adopté par les Arrêts.

Le ſieur de Fontanieu a raiſon de dire que les titres produits au Parlement (nous parlons de titres admiſſibles) *ne pouvoient contenir rien que de très-réel ;* le point dont il s'agit y eſt très-réel en effet ; ils prouvent tous *in terminis* que Fiennes & beaucoup d'autres fiefs du Comté de Boulogne ſont mouvants *par les Bailliages* ou *à cauſe des Bailliages* : les ſieurs de Mieurle & Conſorts ſe referent à la démonſtration qu'ils en ont donnée dans leurs requêtes & aux pages 40 & ſuivantes, 73 & 74 de leur mémoire. Cependant le ſieur de Fontanieu impute au Parlement d'avoir manqué d'attention dans l'examen de ces titres, juſqu'à porter atteinte aux propriétés des ſujets du Roi, & à ſe diſſimuler qu'elles ſont ſous la protection des Loix du Royaume.

DIXIEME ET ONZIEME OBJECTIONS.

Ces Arrêts, au moins les deux derniers, contiennent un mal-jugé tellement évident, qu'il ſeroit ſuffiſant pour en opérer la caſſation, d'autant mieux que dans la circonſtance où l'objet de la conteſtation ſe pourſuit en finance, les moyens du fonds ſe confondent avec les moyens de caſſation.

RÉPONSE. Enfin on eſt d'accord avec le ſieur de Fontanieu ſur le point capital de la conteſtation : on n'a ceſſé de lui reprocher, depuis qu'elle eſt engagée, qu'il n'attaquoit qu'un mal-jugé ; & un mal-jugé que le Parlement a réitéré, ſelon lui, juſqu'à trois fois ſur la même demande, diſcutée pendant quarante ans avec le Miniſtère Public comme partie : il poſe le maſque, & vient avouer ſans détour qu'il attaque un mal-jugé ! Mais reconnoiſſant tacitement que le mal-jugé ne donne point d'ouverture à ſe pourvoir, il ſe retranche dans la circonſtance que la conteſtation eſt pendante en finance, où les moyens du fonds ſe confondent avec ceux de caſſation ; en quoi il tombe dans une erreur vraie ou affectée, en s'attribuant le privilège du fiſc qui ne profite pas à une partie contre l'autre. On porte en finance les demandes en caſſation qui intéreſſent les droits du Domaine dont l'impreſcripbilité paſſée en loi d'Etat, prévaut à la force de la choſe jugée : & le mal jugé contre les droits ſacrés du

Domaine y eſt admis comme moyen de caſſation ; mais il ne s'enſuit pas que dans les conteſtations, où il ne ſe trouve rien de jugé contre l'intérêt du fiſc, on admette des moyens pris du mal-jugé, contre une des parties : perſonne n'avoit oſé faire cette équivoque avant le ſieur de Fontanieu, & il n'a pu la faire adopter à l'Inſpecteur général, qui ne dit pas en effet que la circonſtance de l'inſtruction de la demande en finance, doive faire admettre les moyens du fond, au profit du ſieur de Fontanieu ; il ſemble reconnoître au contraire, qu'il faudroit faire violence à l'ordre judiciaire pour les admettre : mais il ſemble auſſi inviter Sa Majeſté à faire taire les loix, pour ſouſtraire le ſieur Fontanieu à l'autorité des Arrêts, à laquelle les fortunes & les têtes de toute la Nation ſont ſoumiſes. Si l'Inſpecteur général du domaine ne conclut pas en effet à ce que les Arrêts ſoient caſſés, en ce qu'ils pourroient préjudicier au ſieur de Fontanieu, il inſinue, aumoins aſſez manifeſtement, que ſans être gênée par les régles qui enchaînent l'exercice de la Puiſſance royale dans le cours ordinaire des jugements, Sa Majeſté peut fort bien s'abſtenir de laiſſer ſubſiſter des Arrêts qui bleſſeroient des droits d'un de ſes ſujets, & ..... D'après cette inſinuation qui termine la requête de l'Inſpecteur du Domaine, on doit penſer néceſſairement qu'il a cru voir les droits du ſieur de Fontanieu bleſſés par les Arrêts & la conteſtation mal jugée ? Nous allons voir dans un moment quels ſont les principes ſur leſquels il fonde cette opinion.

Ce mal jugé, ſelon le ſieur de Fontanieu, conſiſte en ce qu'on feroit payer au Fermier de l'Engagiſte de Wiſſent des droits qui ne ſont pas dûs à l'Engagiſte, quoique le Fermier ne puiſſe pas avoir plus de droit que l'Engagiſte : droits que l'Engagiſte n'a pas compris dans ſon bail, ſi l'on ſuppoſe qu'ils lui ſoient dus. Or, comment le ſieur de Fontanieu prouve-t-il que ces droits ne ſont pas dus à l'Engagiſte ? C'eſt, dit-il, parce que moi qui ſuis l'Engagiſte, je ne les demande pas, & que je donne acte de ma déclaration, de n'y rien prétendre. Voici donc les deux propoſitions du Sr de Fontanieu : la premiere, les droits ne m'appartiennent pas, ils ne ſont pas compris dans mon engagement ; ils ne peuvent donc pas appartenir à mon fermier qui tient fes droits de moi, & qui ne peut en avoir de plus grands que moi ; la feconde, fi les droits m'appartiennent, je ne les ai pas compris dans le bail, & mon prédéceffeur ne les y avoit pas non plus compris ; & fi l'on demande au fieur de Fontanieu quelle preuve il donne que les droits n'ont pas été compris dans le bail, il répond que la preuve en eft confignée dans la modicité du bail, dans lequel on ne préfumera pas qu'on ait voulu comprendre des droits auffi importants que ceux de la mutation de la terre de Fiennes. Ici nous donnons pour premiere réponfe l'obfervation même du fieur de Fontanieu, que ce point eft jugé, qu'il l'eft par trois Arrêts, & que c'eft un mal jugé qu'il attaque. Nous obferverons encore que cela a été jugé après une profonde & opiniâtre difcuffion : le fieur de Mieurle & conforts ont recouvré un Précis imprimé & fignifié par le fieur de Fontanieu avant l'Arrêt de 1763, dans lequel on effayoit de prouver, par l'autorité des plus grands féudiftes, qu'il étoit affranchi du paiement des droits, à caufe de la circonftance de la réunion, de la qualité d'Engagifte & d'Acquéreur dans la mouvance de l'engagement. La droiture du Défenfeur du fieur de Fontanieu, & fon refpect pour les principes le forçoient de reconnoître que les plus recommandables d'entre ces écrivains, tels que Dumoulin, Dargentré, Salvaing, Dupleffis & plufieurs autres, décidoient que le Seigneur acquérant dans fa directe, dont il avoit affermé les profits cafuels, doit payer les droits au fermier, non pas à titre de droit de mutation, puifque le fief eft éteint par fon retour à la manfe du domaine fuferain, mais à titre d'indemnité de ces mêmes droits que le fermier auroit perçus d'un autre acquéreur qui y auroit été foumis. L'Infpecteur général qui ne s'attendoit pas fans doute à voir paroître cette piece de l'ancienne défenfe des fieurs de Fontanieu, établit un autre fyftême, en taxant d'inconféquence & de manque de vue les Auteurs qui ont trouvé quelque difficulté à réfoudre cette queftion, & il établit des principes lumineux pour la refoudre. » Lorfque, dit-il, la convention commune, qui a formé

» la loi féodale, a établi qu'il ne feroit pas permis d'intro-
» duire un étranger dans la propriété de l'héritage, ni de
» le vendre fans lui offrir une prélibation fur le prix de la
» vente ; cette loi eft faite en faveur du Seigneur, & non
» pas contre lui , c'eft une reconnoiffance de l'affociation
» dans laquelle il eft, à raifon de fa Seigneurie directe,
» avec celui qui a la propriété utile ; il ne peut y avoir
» lieu à des droits, lorfque l'héritage démembré fe
» réunit à la manfe, de laquelle il a été détaché, lorfque
» les chofes font ramenées à leur état primitif . . . . .
mais ce raifonnement, tout fondé qu'il eft fur un principe
inconteftable, ne dégénere pas moins en fophifme par la
fauffe conféquence qu'on en tire : c'eft un fophifme par
deux raifons; la premiere, que les Feudiftes n'ont pas dit
qu'une telle vente faite au Seigneur produisît des droits
Seigneuriaux dûs au Fermier à ce titre, mais que le Seigneur devoit l'indemnité au fermier, pour avoir pris la
place d'un autre acquéreur fur la tête duquel il y auroit eu
mutation & ouverture aux droits ; la feconde qui devoit
frapper l'Infpecteur du Domaine plus que tout autre, c'eft
que pour appliquer fon principe à l'efpèce, il fuppofe les
qualités d'acquéreur & d'engagifte confondues par la réunion
du fief acquis au Domaine auquel il devoit les droits ; qu'il
envifage Wiffent comme forti des mains du Roi par l'engagement, qu'il en fuppofe le fieur de Fontanieu propriétaire
incommutable ; & qu'enfin, tombant dans une erreur bien plus
étendue, plus importante, plus attentatoire aux droits du
Domaine, que celle qu'il reproche aux Arrêts, il fait de
Wiffent le fuferain de Fiennes, en plaçant l'engagifte de
Wiffent dans l'efpèce d'un Seigneur qui a acquis dans fa directe, & dont l'acquifition fait retourner le fief à fa nature
originaire, le confond dans la manfe du Domaine dont il
étoit émané.

Il faut obferver à préfent que dans ce fyftême fur lequel
portoit alors la défenfe du fieur de Fontanieu, il ne difoit
pas que les droits n'euffent pas été compris dans l'engagement, mais qu'ils étoient éteints par la réunion des qualités

lités de l'acquéreur qui les devoit, & de l'engagiste auquel ils étoient dûs : le sieur de Fontanieu a des systêmes pour tous les aspects sous lesquels il envisage sa prétention , sans se mettre en peine s'ils sont contradictoires. On a suffisamment réfuté (pag. 14 , 15 & 80 du Mémoire) celui par lequel il vouloit confondre les qualités par l'effet d'un accident qui opere seulement une réunion précaire de l'usufruit des qualités , & qui laisse les qualités distinctes & divises , de maniere qu'elles peuvent être à tout moment séparées, sans rien perdre de leur caractere, sans éprouver aucun changement, non plus qu'elles n'en ont éprouvé par leur réunion ; car , dès-lors , il n'y a d'autre confusion que celle de l'acquéreur ; confusion qui ne s'étend pas à la caisse du fermier , cessionnaire de l'usufruit de l'engagiste.

Le systême par lequel le sieur de Fontanieu veut exclure les droits en question des Parties comprises dans l'engagement , a deux branches que n'a pas adoptées également l'Inspecteur Général du Domaine : le sieur de Fontanieu feint de regarder les droits comme produits par ce genre de mouvance que tous les titres attribuent au Bailliage de Wissent , ainsi qu'aux autres Bailliages du Comté ; c'est de cette erreur qu'on croit plus affectée que vraie, qu'il prend prétexte d'étaler tant d'érudition féodale, pour prouver que cette attribution, propre de droits à un Bailliage, opéreroit un démembrement du Comté , érigeroit le Bailliage en fief , lui déféreroit même le caractère de la souveraineté , & ravaleroit à la condition d'arrière-fiefs , les fiefs qui se trouveroient dans sa mouvance : tandis que les sieurs de Mieurle & Consorts plus fidèles à suivre les principes n'ont jamais cessé de rapporter au Comté de Boulogne la source productrice des droits , n'ont regardé l'assignation qui s'en trouvoit faite aux recettes des Bailliages, que comme un arrangement économique qui ne changeoit point les rapports de la féodalité ; qu'ils n'ont pas cessé de dire que ces énonciations de *mouvance par les Bailliages* , ou *à cause des Bailliages*, répétées dans tous les titres, n'étoient autre chose que l'expression exacte ou inexacte, par laquelle on

D

étoit convenu depuis plusieurs siecles d'exprimer cette maniere d'être des fiefs, suivant laquelle les droits échus dans
chacun d'eux, dévoient être payés à la recette du Bailliage
dans l'arrondissement duquel ils se trouvent circonscrits.
L'Inspecteur du Domaine adopte plus qu'il ne combat cette
explication ; tout ce qu'il trouve dans les déclarations de
mouvance par les Bailliages, qu'il semble feindre de ne pas
connoître ailleurs que dans les trois Arrêts, ce sont des
expressions dures qui tendent à obscurcir les idées du droit
féodal & domanial. Pour ce qui est de l'assignation du paiement des droits aux recettes respectives des Bailliages, il
n'y voit, comme les sieur des Mieurle & Conforts, qu'un
arrangement économique par lequel c'est toujours le Comté
de Boulogne qui jouit, soit par le Receveur, soit par le
Fermier, soit par l'Engagiste ; car il n'a garde de dire que
la distribution en Bailliages, divise ou gradue la suserai-
neté ; il observe fort bien que les Baillis n'ont pas prétendu
être des vassaux, & il ne voit point d'inconvénient à ce que
la recette unie au Bailliage, forme *un objet domanial suf-*
ceptible d'engagement : il ne lui restoit qu'à décider si le Roi
avoit compris ces droits dans l'engagement de wissent ? mais
il s'arrête à la question sans la résoudre.

Jusques-là l'Inspecteur Général sert foiblement le sieur de
Fontanieu dans le point capital de la contestation : mais il
semble venir plus efficacement à son recours sur cette preuve
puisée dans la reconnoissance que fait le sieur de Fontanieu,
en sa qualité d'engagiste, de ne pas prétendre les droits en
question, comme compris dans son engagement. L'Inspecteur se charge même en quelque maniere de faire valoir tout
seul cette étrange preuve, & c'est véritablement rendre un
bon office au sieur de Fontanieu ; car, lorsque pour frus-
trer son fermier d'un droit, que par une circonstance singuliere, le bailleur se trouve tenu d'acquitter lui-même, il
vient dire qu'il n'a pas compris ce droit dans le bail, parce
qu'il ne croyoit pas *in petto* qu'il lui appartînt, ce bailleur a
grand besoin qu'un tiers se charge de donner du poids à
cette affirmation. C'est ce qu'entreprend officieusement l'Ins-

pecteur du Domaine, avec quelque réserve toutefois, pour ne pas trop se commettre ; il dit que cette déclaration de l'engagiste, vraie personne légitime pour connoître & réclamer les droits de son engagement, doit être d'un grand poids, *si elle n'étoit pas faite pour la cause* : il fait observer le désintéressement du sieur de Fontanieu qui fait hommage de ce droit au Roi, & lui en paye un petit tribut d'éloges. C'est un désintéressement remarquable ! En effet lorsque le sieur de Fontanieu a commencé de soutenir que les droits dont il s'agit, n'appartenoient pas à l'engagiste, mais au Roi, il avoit un privilege onéreux au Roi, pour s'exempter de les lui payer ; aujourd'hui que le sieur de Fontanieu soutient la même chose, les droits sont retirés des mains de l'engagiste, & réunis au Domaine quant à l'avenir ; & si le sieur de Fontanieu pouvoit faire prononcer qu'ils n'en avoient pas été distraits pour le passé au profit de l'engagement, il gagneroit une somme importante qu'il retient depuis trois générations aux cinq familles des sieurs de Mieurle & Consorts ! voilà quel est le désintéressement du sieur de Fontanieu : voilà avec quelles allégations dérisoires on entretient depuis quinze ans au Conseil du Roi la contestation d'un simple intérêt pécuniaire, jugée trois fois dans le premier Tribunal du Royaume, après y avoir été discutée pendant quarante ans !

Il reste à demander à l'Inspecteur Général, s'il vient en effet se rendre garant des dispositions mentales du sieur de Fontanieu, s'il a voulu seulement en donner le problême à résoudre ? La déclaration du sieur de Fontanieu est-elle faite pour la cause, ou ne l'est-elle pas ? En attendant que l'Inspecter décide, on lui donnera la décision de la loi, qui dans les cas obscurs sur l'opinion interne, attribue à la partie l'opinion qu'elle a dû avoir selon les regles de la raison. L'homme de la loi, qui est l'homme bien ordonné en ses facultés intellectuelles, a dû croire que les droits en question étoient compris dans l'engagement, parce que le titre y est exprès, qu'il comprend *tous fruits, profits, revenus, émoluments, justice, seigneurie,* (c'est-à-dire, les droits utiles qui en dérivent) *& autres droits y afférants & appartenans , & tout ainsi qu'en jouissoit sadite Majesté paravant ladite adjudication & vendition* , & qu'il est impossible de voir dans cet énoncé l'exception des droits casuels ; il a dû les y croire compris , parce que le premier engagiste qu'il représentoit, les avoit réclamés & se les étoit fait adjuger après une contestation opiniâtre ; & si contre ces présomptions qui sont celles de la loi , on veut faire croire que le sieur de Fontanieu , ou plutôt la dame de Valençai qui avoit fait le bail , ayent eu l'opinion déraisonnable que les droits n'étoient pas compris dans son engagement , il faut qu'on la fasse voir consignée dans quelque monument d'un temps non suspect.

Le sieur de Fontanieu ne s'attend pas, sans doute, qu'on fasse un meilleur accueil au témoignage qu'il veut faire résulter du silence de son Fermier actuel. Embarrassé de l'Arrêt de 1771 , par lequel le Roi a retiré les droits casuels des engagements , & qui prouve encore qu'ils y étoient compris , le sieur de Fontanieu avance que cela n'a opéré aucun changement à l'égard de l'engagement de Wissent, dans lequel ces droits n'étoient pas compris; & il en donne pour preuve le silence de son Fermier actuel , qui lui demanderoit une indemnité si l'événement de 1771 , avoit retranché ces droits de son bail : voilà encore un argument d'une singuliere espece, comme si la conduite de ce Fermier imposoit quelque loi à des tiers, ou comme si les efforts que peut faire le sieur de Fontanieu pour lier la langue de son Fermier actuel , pouvoient servir de preuve contre les droits des Fermiers anciens !

On a répondu suffisamment à l'argument tiré de la modicité du prix du bail : cette objection a-t-elle pu paroître assez sérieuse à l'Inspecteur du Domaine , pour qu'il se chargeât de la répéter? Qu'importe, en effet, l'appréciation que l'Engagiste aura faite des profits casuels de son engagement : on sent bien que s'il eût voulu la porter fort haut, aucun Fermier ne l'auroit acceptée, parce que son bail, & même un bail très-long , pouvoit s'écouler sans qu'il échût d'ou-

verture à ces profits; mais il en eſt ſurvenu , dans un de ces
baux une fort importante; & le ſieur de Fontanieu s'écrie
dans ſa douleur; *quelle apparence qu'on ait voulu comprendre
un profit de cette conſéquence dans le prix modique de ce
bail !* cette exclamation ne fait pas qu'il n'y ſoit point compris : elle ne ſert qu'à exprimer le regret d'un propriétaire
qui voudroit retirer des mains de ſon fermier une recolte
d'une abondance exhubérante, que la faveur du Ciel auroit
envoyée à ce dernier.

GRANDE DIRECTION DES FINANCES.

Monſieur ~~BAUDOUIN DE GUÉMADEU~~ *De colonia*, Maître
des Requêtes, Rapporteur.

Me DESPAULX, Avocat.

Chez KNAPEN & Fils, Libraires-Impr. de la Cour
des Aides, au bas du Pont S. Michel, 1778.

www.ingramcontent.com/pod-product-compliance
Lightning Source LLC
LaVergne TN
LVHW012106170726
843501LV00008BC/2773